TCHAU, CHUPETA!

COM CONSULTORIA PEDIÁTRICA

Dados Internacionais de Catalogação na Publicação (CIP) de acordo com ISBD

B873t   Brooks, Susie

Tchau, chupeta! / Susie Brooks ; ilustrado por Angelika Scudamore. - Jandira, SP : Ciranda Cultural, 2020.
16 p. : il. ; 20,1 x 26,8cm.

Tradução de: Bye, bye bink!
ISBN: 978-65-5500-250-8

1. Literatura infantil. I. Scudamore, Angelika. II. Título.

CDD 028.5
CDU 82-93

2020-2662

Elaborado por Vagner Rodolfo da Silva - CRB-8/9410

Índice para catálogo sistemático:
1. Literatura infantil 028.5
2. Literatura infantil 82-93

© 2020 Ciranda Cultural Editora e Distribuidora Ltda.
Produção: Ciranda Cultural
Texto: Susie Brooks
Consultoria pediátrica: Stephanie Galassi
Ilustrações: Angelika Scudamore

1ª Edição em 2020
www.cirandacultural.com.br
Todos os direitos reservados. Nenhuma parte desta publicação pode ser reproduzida, arquivada em sistema de busca ou transmitida por qualquer meio, seja ele eletrônico, fotocópia, gravação ou outros, sem prévia autorização do detentor dos direitos, e não pode circular encadernada ou encapada de maneira distinta daquela em que foi publicada, ou sem que as mesmas condições sejam impostas aos compradores subsequentes.

TCHAU, CHUPETA!

INTRODUÇÃO

A primeira infância é uma etapa de muitas descobertas e desafios, tanto para as crianças quanto para os pais ou responsáveis. E é nessa fase que os pequenos passam pelo momento de dizer tchau para a chupeta.
Para ajudar no processo, além da história com a qual a criança se identificará, este livro traz dicas da pediatra Stephanie Galassi de como os adultos podem conduzir esse momento da melhor forma possível, não se esquecendo de que o protagonista é o pequeno.

EU AMO A MINHA CHUPETA,
MAS AGORA GRANDE ESTOU.
ELA NÃO PRECISA ESTAR COMIGO
NOS LUGARES AONDE VOU.

DICA:

Converse com seu filho sobre a real necessidade do uso da chupeta. Você pode dizer que ele já é "grande" e não precisa mais dela. Vocês podem combinar uma data para a chupeta "ir embora", assim, a criança terá um tempo para se preparar.

EU JÁ SEI COMER SEM AJUDA,
SEI ANDAR E TAMBÉM FALAR.
E, NESSAS ATIVIDADES, A CHUPETA
NÃO VAI ME ATRAPALHAR!

DICA:

Gradativamente, incentive seu filho a não utilizar a chupeta durante o dia, seja nas refeições, nos passeios ou na hora de brincar. Deixe o uso da chupeta apenas para a hora de dormir.

DICA:

Certifique-se de que a criança tenha um brinquedo que possa confortá-la quando ela estiver triste ou chateada. Também são muito importantes o carinho com a criança e o reconhecimento a cada pequena conquista.

QUANDO ACORDO, EU COLOCO
MINHA CHUPETA EM QUALQUER LUGAR.
À NOITE EU GOSTO DE ESTAR COM ELA,
MAS NEM SEI ONDE PROCURAR.

DICA:

Durante o dia, mantenha a chupeta fora do alcance da criança. Para o desmame noturno, comece tirando a chupeta de seu filho após ele adormecer.

É HORA DE DIZER "TCHAU, CHUPETA!"
E AGRADECER O QUE ELA FEZ.
HÁ OUTRAS CRIANÇAS MENORES,
E TODAS PODEM TER A SUA VEZ.

DICA:

Como um gesto simbólico, "dar" a chupeta para um bebê pode fazer com que a criança se sinta importante. Você também pode dizer que a "fada da chupeta" substituirá o objeto por um presente.

TCHAU, CHUPETA!

Pais ou responsáveis, no quadro abaixo, vocês poderão anotar as datas mais importantes do processo pelo qual a criança está passando. Também é possível fazer observações sobre o comportamento dela e a reação a cada orientação.

Conversa com a criança sobre a retirada da chupeta:

___/___/___

Como a criança reagiu:

FELIZ   TRISTE   COM MEDO   COM RAIVA

Restrição do uso da chupeta nas refeições:

___/___/___

Como a criança reagiu:

FELIZ   TRISTE   COM MEDO   COM RAIVA

Restrição do uso da chupeta na hora de brincar:

___/___/___

Como a criança reagiu:

FELIZ   TRISTE   COM MEDO   COM RAIVA

STEPHANIE GALASSI

Médica graduada pela Universidade Federal de Santa Catarina (UFSC), com residência médica em Pediatria pela Faculdade de Medicina da Universidade de São Paulo (FMUSP).

Stephanie fez estágio em Yale pelo Child Study Center, centro de estudo em Transtornos do Desenvolvimento e Comportamento Infantil.

Ela atua no Instituto da Criança do Hospital das Clínicas como médica responsável pela setor de internação e emergência, e como pediatra geral em dois consultórios de São Paulo, onde tem a chance de estabelecer vínculos com as famílias que atende.